I0000657

UNIVERSITÉ DE FRANCE.

ACADÉMIE DE STRASBOURG.

THÈSE

POUR LA LICENCE,

PRÉSENTÉE

A LA FACULTÉ DE DROIT DE STRASBOURG,

ET SOUTENUE PUBLIQUEMENT

Samedi, le 27 novembre 1841, à midi,

PAR

J. ANTOINE GIRARDOT,

BACHELIER ÈS LETTRES ET EN DROIT, DE STRASBOURG (BAS-RHIN).

M. RAUTER, DOYEN DE LA FACULTÉ.

Président de la Thèse : M. AUBRY.

Examinateurs :
{
MM. AUBRY.
SCHUTZENBERGER.
RAU.
LAFON, f. f. de Professeur suppléant.
} Professeurs.

La Faculté n'entend ni approuver ni désapprouver les opinions particulières au candidat.

STRASBOURG,

IMPRIMERIE DE PH.-ALB. DANNBACH, RUE DU BOUCLIER, 1.

1841.

A LA MÉMOIRE DE MON PÈRE.

A MA MÈRE.

Amour et reconnaissance.

A. GIRARDOT.

JUS ROMANUM.

DE JURE GERENDÆ TUTELÆ ET DE OBLIGATIONE ILLAM SUSCIPIENDI.

PROŒMIUM.

Qui pubertatem nondum attigerunt, ratione rerumque experientiâ carentes, non vitam suam recte dirigere, neque bona administrare possunt. Illos quidem curæ paterfamilias habet, quo autem mortuo indefensi essent si tutor illis non daretur.

Tutor tum vice pupilli agit, tum illi auctoritatem præbet. Quare tutelam definiunt, vim ac potestatem in capite libero, ad tuendum eum qui propter ætatem se defendere nequit, jure civili datam et permissam.

Tutela munus publicum est; itaque quibus non licet publica munera gerere, illis quoque tutelas administrandi jus recusatur, et nemo, nisi ob legitimam causam, de tutelis se excusare potest.

1

PARS PRIMA.

DE JURE GERENDÆ TUTELÆ.

CAPUT PRIMUM.

Quibus est jus gerendi tutelam.

Paterfamilias de tutelâ liberorum suorum impuberum quos in potestate habet tanquam de bonis suis statuit.

Cum vero intestatus decessit, illis tutelam ejus liberorum impuberum obtingit, quibus et spes successionis, et hoc summâ providentiâ, decet enim eos qui hæreditatem sperant, bona tueri ne dilapidentur (§ 1 ff. de legit. tutor.).

Denique deficientibus testamentariâ tutelâ legitimâque, a magistratu tutor creatur (Pr. J. de atil. tut.).

Jus tutelam gerendi omnibus est quibus id munus testamento patrisfamilias, aut lege, aut à magistratu defertur, dum non inhabiles vel suspecti existimentur.

CAPUT II.

Quibus non est jus tutelam gerendi.

§ 1. *Qui tutelæ munus sustinere non possunt.*

1. Cum servi publica munera gerere nequeant, tutelâ prohibentur (Const. 7 C. qui dar. tut. vel cur.). Si tamen testamento servum tuum libertate donaveris, illi simul tutelam recte conferre poteris. Quin etiam libertatem tacite accepisse videbitur qui tutor datus fuerit (§ 1, J. qui dar. tut. test. poss.).

3

2. Tutela jus proprium est civium Romanorum; peregrinis ergo eam gerere non permittitur (§. 1, J. de tut.).

3. Plerisque mulierum gravius esset tutelæ onus; illis igitur non licitum erat ad eam accedere, nisi id munus specialiter a principe postulavissent (L. 16 et l. 18 ff. de tut.). Novellâ vero CXVIII cautum est ut mater aviaque aliis nuptiis et auxilio senatusconsulti velleiani renuntiantes, liberorum suorum tutelam subirent.

4. Minores viginti quinque annis non ad tutelam admittuntur, quia ridiculum esset eos tutores esse quibus alienâ tutelâ curâve opus est. (§. 13, J. de excus. tut. vel curat.; Const. 5 C. de legit. tut.). Si tamen minor testamento tutor datus fuerit, ad illud tempus datus intelligetur quo vigesimum quintum annum impleverit (§. 2, J. qui dar. tut. test. poss.). Interea pupillo curator nominabitur (§ 5, J. de curat.).

5. Idem de furioso reputandum est (l. 11 ff. de tut.; § 2, J. qui dar. tut. test. poss.).

6. Surdi, muti, cæci oneri tutelæ impares quoque videntur; si nihilominus tutores fiunt, curator eis adjungi solet (§ 5, J. de curat.).

7. Neque militibus licet esse tutoribus (Const. 46, qui dar. tut.; § 14, J. de excusat. tut. vel curat.).

8. Illud quoque animadvertendum; creditores et debitores pupilli ad tutelam illius non accedere (Nov. 72, cap. 1), si vero durante tutelâ, inter pupillum et tutorem obligatio intervenit, tutori curatorem adjungi (Nov. 72, cap. 2), denique illum qui factus tutor se creditorem vel debitorem pupilli, ineunte tutelâ, non denuntiaverit, omni actione adversus minorem casurum, nec solutionibus debiti aut alio modo liberandum (Nov. 72, cap. 4).

9. Presbyteri, diaconi et subdiaconi, lege ad tutelam vocati, eam suscipere possunt, dativi autem vel testamentarii tutores

esse nequeunt. Episcopis et monachis nullam tutelam gerere permittitur (Nov. 123, cap. 5).

10. Judæis christianorum tutelam administrandi jus non concessum (l. 15, § 6 ff. de excus. tut. vel cur.).

Nec obliviscendum est testamento tutores non dari posse illos quibuscum testamenti factio non est.

Jam satis de eis diximus quos leges non ad suscipiendum tutelæ munus idoneos existimant. Videamus nunc qui suspecti habeantur.

§ 2. Qui tanquam suspecti removentur.

Si quis non ex fide tutelam gerit, si perniciose pupillo egit, vel aliquid intercepit ex rebus pupillaribus, aut si pupillo parentibusve ejus est inimicus, suspectus fit, et ideo tutelà depellitur (§ 5., J. de susp. tut. vel cur. 1, 26; l. 3, § 5 ff. de suspectis tut. vel curat. 26, 10).

Qui talibus sunt moribus ut suspiciantur, antequam tutelam gerere incipiunt removendi sunt (§ 14, J. eod. tit., l. 8 ff. eod. tit.).

Tutores autem ob dolum vel ob culpam latam remoti, infamiâ notantur; ob culpam levem non famosi sunt (§ 6, J. eod. tit.).

Pauperem, si fidelis est et diligenter tutelam curat, noli suspectum judicare; ille vero qui fraudem admittit, quamvis dives sit, et satis offerat, removeatur (§ 12, J. eod. tit.; l. 5 et l. 10 ff. eod. tit.). Enimvero melius est pupillorum jura intacta servare, quam post vulneratam causam remedium quærere (Const. 5 C. in quib. caus. in integr. rest. necess. non est).

De postulatione suspecti Romæ prætores cognoscunt, vel illi quibus jurisdictio a prætore mandata est, in provinciis vero præsides earum aut legatus proconsulis (§ 1, J. de susp. tut.; l. 1 ff. de susp. tut.). Crimen suspecti quasi publica actio est; exceptis pupillis, patet omnibus, ipsis etiam mulieribus quæ pietatis necessitate ducuntur (§. 3 et 4, J. eod. tit.; l. 7, §. 1 ff. eod. tit.). Quin etiam sine accusatione repellendus est tutor, si eum suspectum esse aperte magistratui apparet (l. 3, §. 4 ff. eod. tit.).

PARS II.

DE OBLIGATIONE TUTELAM SUSCIPIENDI.

CAPUT PRIMUM.

Quibus est obligatio suscipiendæ tutelæ.

Tutela munus publicum est quod omnes ferre debent; nulli tutelam recusare licet, nisi inter eos sit quibus lege excusationes conceduntur. Excusationibus autem non inviti utuntur. Excusati enim, si excusationibus renuntiant, recte tutores esse possunt.

CAPUT II.

Quibus non est obligatio suscipiendæ tutelæ,
aut
De excusationibus tutorum.

In tria genera excusationes deduci solent. Alii enim propter privilegium excusantur, alii quia difficilius tutelam gererent, alii quia pupillo eorum administratio periculosa esset.

I. Propter privilegium excusantur.

1. Qui munus quoddam habent, scilicet qui res fisci principisve aut vectigalia administrant, qui præfecturam annonæ vel

vigilum exercent, praesides provinciarum, magistratus munici-
pales, jurisperiti imo consilium principis assumpti (§ 1, J. de
excus. tut. vel cur. l. 5, 25, 1. 6, 30 et 41 ff. de excus. tut. vel cur.
27, 1).

2. Tres liberi legitimi Romae, quatuor in Italiâ, quinque in
provinciis, sive sint in potestate, sive emancipati, dant tutelae
vacationem. Nepotes ex filiis nati locum patris sui mortui avo
supplent, non autem qui ex filiabus nati sunt remissionem tri-
buunt. Nascituri non prosunt; nec defuncti, nisi in acie pro
republicâ ceciderint (pr. J. eod. tit.; l. 2, § 3 et seq. et l. 18 ff.
eod. tit.).

3. Si quis reipublicae causâ abest, hoc quoque est genus excusationis, et cum domum reversus est, ad novam suscipiendam
tutelam anni vacatione fruitur (§ 2, J. eod tit.).

4. Illis qui potestatem aliquam acceperunt, a novâ tutelâ se
excusare, at non coeptam deserere licitum est (§ 3, J. eod. tit.).

6. Grammaticis, sophistis, rhetoribus, medicis, legum doc-
toribus, philosophis, in patriâ suâ exercentibus, dum intra nu-
merum sint, remissio tribuitur (§ 15. J. eod. tit.; l. 6, ff. eod. tit.;
Const. 6, C. de profess. et med.).

6. Veterani qui cum honore militiae tempus compleverunt a
paganorum tutelâ requiem habent. Verum, anno vacationis
elapso, tutelam filiorum eorum qui milites sunt vel fuerunt
suscipere debent (l. 8, pr. et § 1 ff. eod. tit.).

7. Athletae qui sacris certaminibus coronati sunt etiam excusantur (l. 6, ff. eod. tit.).

8. Nec non mensores frumentarii, fabri, pistores, et plerique
eorum qui in collegiis sunt (l. 17, 26, 36 et 46. § 1, ff. eod.
tit.).

II Quia aegerrime tutelam gererent excusantur :

1. Senes qui, tempore quo creantur, septuagesimum aetatis annum complevere (l. 2, pr. ff. eod. tit. § 13, J. eod. tit.).

2. Qui tres non affectatas tutelas vel curas administrant, non quartam suscipiendi obligationem habent.

Non tamen pupillorum sed patrimoniorum numerus considerandus est. Quippe qui unam sed difficillimam tutelam gerit, ab alterâ suscipiendâ excusari potest. Cæterum satis est tres tutelas in unâ domo esse (§ 15, J. eod. tit.; l. 3, l. 15. et l. 31 ff. eod. tit.).

3. Adversa valetudo tutelæ dat remissionem cum ea est ut impediat ne quis suis rebus superesse queat (§ 7, J. eod. tit.; l. 10. § 8 et l. 11 ff. eod. tit.).

4. Qui adeo pauperes sunt ut pupilli res administrare non possint vacationem habent (§ 6, J. et l. 7, ff. eod. tit.).

5. Item litterarum imperiti qui negotiorum sunt expertes (l. 6. § 19, ff. eod. tit.).

6. Similiter excusantur qui non domicilium habent ubi tutela datur (l. 46. § 2, ff. eod. tit.).

7. Qui in exsilium perpetuum actus est excusari debet (l. 29, ff. eod. tit.). Si quis ad tempus in exsilium datus est, curator interim in locum ejus creatur (l. 28, in fin., ff. eod. tit.).

III. Nonnulli tutelæ vacationem habent quia periculum pupillo ipsorum administratio afferret.

1. Si quis pupillum aut patrem ejus capitali odio persequitur, non ad suscipiendam tutelam adigendus est. Datur quoque excusatio illi quem pater propter inimicitias testamento tutorem nominavit (§ 9 et 11. J. eod. tit. l. 6. §. 17, ff. eod. tit.).

Quinimo si tutor, pupilli inimicus, non excusatione utitur, prætor eum repellit (l. 3. § 12, ff. de susp. tut.). Ille vero qui se ignotum patri pupillorum affirmat non ideo excusatur (§ 10. J. eod. tit.).

2. Qui status controversiam a pupillorum patre passus est, justam habet causam excusationis (§ 12. J. eod. tit.).

3. Novissime sciendum est ei tutelæ remissionem esse qui de

majore bonorum parte, vel de paternâ hæreditate cum pupillo litigat(§ 4, J. eod. tit.; l. 21, pr. ff. eod. tit.; const. 16. C. eod. tit.).

Jam diximus neminem necessario excusari. Duplicis generis est excusationibus renuntiatio. Expresse enim renuntiat qui promittit se futurum tutorem, tacite vero qui non intra tempus lege præfinitum se excusat (l. 15. § 1 et l. 31, pr. ff. eod. tit.).

Quinquaginta dies continui ad afferendas excusationes conceduntur illis qui intra centesimum lapidem sunt ab eo loco ubi tutela data est; triginta autem dies eis qui extra centesimum lapidem habitant, adjecto uno die ad singulum vicenorum millium spatium (§ 16, J. eod. tit. l. 13, ff. eod. tit.).

Qui falsis allegationibus excusatus est, non excusari censetur (§ 20, J. eod. tit.).

DROIT CIVIL FRANÇAIS.

DU DROIT DE GÉRER LA TUTELLE ET DE L'OBLIGATION DE L'ACCEPTER.

Code civil, art. 427 à 449.

INTRODUCTION.

1. Il n'est point d'être plus faible que l'homme à sa naissance. Incapable de pourvoir lui-même à aucun de ses besoins, l'enfant qui vient de naître ne saurait vivre un instant sans des secours de toute espèce. Plus tard, quand les forces de son corps se sont accrues, il a besoin longtemps encore des lumières et de l'expérience d'autrui, pour guider son intelligence, pour diriger ses actions, pour veiller à la conservation de son patrimoine. La nature, en le faisant naître si faible, ne l'a point laissé sans appui. Elle a placé auprès de lui un père et une mère qui trouvent tout leur bonheur à l'entretenir, à l'élever, à le protéger. Mais quand ces soutiens viennent à lui manquer, c'est

à la société à prendre sa défense. Tel est le but de l'institution de la tutelle.

2. Tout mineur non émancipé, qui a perdu son père ou sa mère, doit avoir un tuteur. La tutelle est confiée en premier ordre à celui des époux qui survit à l'autre (C. civ. art. 390). Si tous les deux sont décédés, la tutelle est déférée à la personne que le dernier mourant d'entre eux a désignée dans son testament (C. civ. art. 397 et suiv.). A défaut de tuteur nommé par testament, la tutelle appartient de droit aux ascendants dans l'ordre qui est indiqué aux articles 402 à 404 du Code civil. Enfin, c'est au conseil de famille qu'appartient la nomination du tuteur, quand il n'y a ni tutelle légitime, ni tutelle testamentaire. (C. civ. art. 405).

3. Si le tuteur était entièrement libre dans son administration, si sa gestion n'était point surveillée, il serait à craindre qu'il ne la négligeât et qu'il ne sacrifiât les intérêts de son pupille aux siens. Le contrôle de la tutelle est donné en droit français au conseil de famille. La loi charge de plus un subrogé-tuteur [1] de veiller aux intérêts du mineur toutes les fois qu'il sont en opposition avec ceux de son tuteur (C. civ. art. 420).

4. Les mineurs non émancipés ne sont pas les seules personnes qui soient soumises à la tutelle.

Il est des hommes qui, quoique majeurs, ont l'intelligence trop peu développée pour donner une direction convenable à leur conduite et pour administrer leurs biens; d'autres tombent dans un état plus malheureux encore ; leur raison s'égare, ils agissent sans discernement, ils ne peuvent maîtriser leurs facultés. Lorsque les majeurs se trouvent ainsi dans un état habituel d'imbécillité, de démence ou de fureur, et que leur inter-

---

[1] Hors le cas prévu par l'art. 393, la subrogée-tutelle est toujours dative.

diction est prononcée par les tribunaux, il leur est donné un tuteur et un subrogé-tuteur comme aux mineurs [1].

La condamnation aux travaux forcés à temps, à la détention, ou à la réclusion, entraîne de plein droit l'interdiction du condamné. Les interdits légalement reçoivent aussi un tuteur et un subrogé-tuteur (C. pén. art. 29).

5. D'après cela qu'est-ce qu'un tuteur? On appelle tuteur celui qui a le droit et auquel est imposé le devoir de prendre soin de la personne et des biens d'un mineur non émancipé, ou d'un interdit. La charge dont le tuteur est investi, se nomme tutelle. Nous avons à considérer la tutelle sous deux points de vue : 1° par rapport au droit que les citoyens ont de la gérer, et 2° par rapport à l'obligation dans laquelle ils se trouvent de l'accepter.

CHAPITRE PREMIER.

DU DROIT DE GÉRER LA TUTELLE.

SECTION PREMIÈRE.

Des personnes qui ont le droit de gérer la tutelle.

6. Peut-on dire de quelqu'un qu'il a le droit d'être tuteur? C'est là une question qui a été soulevée plus d'une fois, et à laquelle nous répondons affirmativement. Et en effet, personne n'a jamais contesté que les héritiers légitimes aient le droit de recueillir la succession à laquelle ils sont appelés. Pourquoi? Parce que le pouvoir de s'emparer de cette succession leur est garanti par la loi. Voyons s'il n'en est point de même de la tu-

---

[1] Le tuteur des interdits est nommé par le conseil de famille. Cependant le mari est tuteur de droit de sa femme interdite (art. 505 et 506 Cod. civ.).

telle. Si, à l'ouverture d'une tutelle, le tuteur légal se voyait, sans motif légitime, écarté de cette charge par le conseil de famille, il porterait ses réclamations devant les tribunaux, qui devraient le déclarer maintenu dans la tutelle.

D'un autre côté, tout tuteur, de quelque manière que la tutelle lui ait été déférée, que ce soit par la loi, par un testament ou par un conseil de famille, ne peut plus être privé de cette fonction une fois qu'il en est revêtu (Cod. civ. art. 448). Administrer une tutelle c'est donc exercer un droit.

7. Mais, objecte-t-on, quel intérêt a-t-on à gérer une tutelle? La tutelle n'est-elle pas une charge, et une charge quelquefois très-onéreuse? Nous n'en disconvenons point, la tutelle est une charge : mais n'y a-t-il pas d'autres fonctions qui réunissent le double caractère de charge et de droit? Le service militaire est certainement une charge; qui nie qu'il soit un droit? Les fonctions de juré, d'électeur, causent des désagréments nombreux, elles aussi sont des charges: Prétend-on pour cela que ce ne sont pas des droits?

D'ailleurs le tuteur, étant ordinairement le plus proche parent du pupille, lui porte naturellement une vive affection, et verrait avec peine un étranger prendre soin de sa personne et de ses biens. Enfin, souvent c'est le tuteur qui est l'héritier présomptif du mineur, et, en cette qualité, n'a-t-il pas un intérêt pécuniaire à administrer sa fortune?

8. Un dernier argument que nous invoquerons à l'appui de notre manière de voir, et qui est décisif, c'est que le législateur a reconnu en termes formels, dans l'art. 42 du Code pénal, que la gestion de la tutelle est un droit.

Disons donc, avec Meslé [1] : «La tutelle est une charge civile

---

[1] *Traité des minorités, tutelles et curatelles*, ch. 10, n° 24, p. 291.

« qui, en même temps qu'elle impose l'obligation, donne et ac-
« quiert le droit d'en faire les fonctions. »

Cependant tous les citoyens ne peuvent point être tuteurs;
il en est que la loi répute incapables de gérer la tutelle, d'autres qu'elle juge indignes de remplir ces honorables fonctions.

SECTION II.

*Des personnes qui n'ont pas le droit de gérer la tutelle, ou de
l'incapacité, des exclusions et des destitutions de la tutelle.*

9. Les termes *incapacité*, *exclusion* et *destitution* ne doivent
pas être confondus : ils expriment des idées bien distinctes.

L'incapable est celui qui est écarté de la tutelle parce qu'il
manque de l'intelligence nécessaire à un bon administrateur ;
l'incapacité peut encore résulter de certaines relations existant
entre la personne appelée à la tutelle et le mineur ou ses parents; mais elle n'emporte aucune idée défavorable pour l'incapable.

L'exclusion et la destitution naissent des mêmes causes : elles
supposent toutes deux une action déshonorable qui rend celui
qui l'a faite indigne de gérer la tutelle ; la seule différence qu'il
y ait entre elles, c'est que l'on est exclu avant d'avoir com-
mencé à administrer la tutelle, tandis que, pour être destitué,
il faut déjà l'avoir gérée. Le tuteur légitime et celui qui est ré-
gulièrement élu par testament peuvent seuls être exclus de la
tutelle; le tuteur datif peut être destitué, mais non pas exclu.
Si un conseil de famille avait nommé tuteur une personne qui
se trouvât dans un des cas d'exclusion que la loi énumère, sa
délibération devrait être annulée par les tribunaux, et la personne choisie serait censée n'avoir jamais été tuteur.

Le législateur a entendu énumérer tous les cas d'incapacité et tous les motifs d'exclusion et de destitution : la jurisprudence et la doctrine doivent donc se montrer bien réservées à en admettre que la loi n'aurait pas prévus.

10. Ce que nous dirons au sujet des incapacités, des exclusions et des destitutions de la tutelle s'appliquera au subrogé-tuteur comme au tuteur proprement dit. Il y a cependant une sorte d'incapacité qui est particulière au subrogé-tuteur, c'est qu'il ne peut être pris dans la même ligne que le tuteur, à moins que le mineur n'ait plusieurs frères germains, cas auquel la tutelle peut être déférée à un des frères et la subrogée-tutelle à un autre.

§ 1er. De l'incapacité.

11. Les personnes incapables de gérer la tutelle sont :

a) Les morts civilement, c'est-à-dire ceux qui ont été condamnés à la mort, aux travaux forcés à perpétuité ou à la déportation (C. civ., art. 25, alin. 4). Nous avons dit que l'exclusion, à la différence de l'incapacité, emporte une idée défavorable. S'il en est ainsi, ne serait-il pas raisonnable de mettre la mort civile, qui est la suite d'une peine infamante, parmi les motifs d'exclusion plutôt qu'au nombre des causes d'incapacité? Nous ne le pensons pas; car si le mort civilement ne peut point être tuteur, ce n'est pas autant parce qu'il s'est rendu coupable d'une action honteuse et criminelle, et qu'il a été condamné à une peine infamante, que parce qu'il est mort aux yeux de la loi, et comme tel incapable de participer aux droits civils. Cet état d'incapacité qui résulte de la mort civile est perpétuel; il ne cesse que dans le cas de la réhabilitation dont parle l'art. 633 du Code d'instruction criminelle. Le mort civilement qui parviendrait à prescrire sa peine n'en demeurerait pas moins incapable d'être tuteur, la mort civile étant imprescriptible.

12. *b*) Les interdits judiciairement ou légalement (C. civ. art. 442, n° 2). Ceux qui sont placés sous l'assistance d'un conseil judiciaire ne peuvent pas non plus être tuteurs. Il est vrai que le Code est muet à leur égard ; mais l'esprit de l'article 442 se manifeste clairement : le législateur n'a point voulu que ceux qui ont besoin de l'assistance d'une personne étrangère pour gérer leurs affaires gérassent les affaires d'un mineur.

13. *c*) Les mineurs (C. civ. art. 442, n° 1). Cependant le père et la mère peuvent, quoique mineurs, devenir tuteurs de leurs enfants. Mais parmi les actes que nécessite la tutelle, il y en a qu'ils ne peuvent faire seuls et pour lesquels ils ont besoin de l'assistance de leur curateur. Quelques auteurs ont prétendu que le curateur ne leur est donné que pour surveiller l'administrateur de leurs propres affaires, et que son assistance n'est nullement nécessaire pour les actes qu'ils font en qualité de tuteurs ; et voici comment on a essayé de justifier cette opinion. « La tutelle, a-t-on dit, est un mandat confié par la loi ; or quand un mineur est choisi pour mandataire, tous les actes qu'il fait pour son mandant sont valables, même ceux qui nécessiteraient l'assistance d'un curateur, si le mineur agissait en son propre nom. Le mineur qui agit en qualité de tuteur, a donc, comme mandataire de la loi, une capacité dont il ne jouit pas pour la gestion de ses propres biens. » Cette manière de voir ne nous semble pas admissible. Nous concevons très-bien qu'une personne qui choisit un mineur pour mandataire soit obligée par les actes qu'il fait sans l'assistance de son curateur. Elle était libre de prendre tout autre fondé de pouvoir ; elle a porté son choix sur un mineur ; c'est sans doute parce qu'il méritait, plus qu'aucun autre, sa confiance. Mais il en est tout autrement de la loi. Elle confère son mandat indistinctement ; elle ne fait point un choix individuel, fondé sur la capacité du mineur auquel elle défère la tutelle.

14. *d*) Les femmes (C. civ. art. 442 , n° 3). Leur caractère les éloigne des affaires, et rarement on trouve en elles les qualités d'un bon administrateur. Le législateur a cependant confié à la mère la tutelle légitime de ses enfants. Mais, si le mari prévoit que sa femme, devenue tutrice de ses enfants, sera dans l'impossibilité de bien administrer la tutelle, il pourra lui nommer un conseil. Ce conseil ne gérera point lui-même, la mère demeurera tutrice; c'est un droit que son mari ne peut lui enlever. Seulement elle ne pourra faire aucun acte relatif à la tutelle, sans l'avis de son conseil. Si le père spécifiait les actes qui dussent être soumis à l'avis du conseil, la mère serait habile à faire seule tous les autres. Dans tous les cas, l'avis du conseil ne sera point requis pour les actes qui tiennent à la puissance paternelle, et que la mère aurait le droit de faire lors même qu'elle ne serait pas tutrice. Remarquons d'ailleurs que le père seul peut nommer un conseil à la mère. Il suit de là que si le conseil nommé par le mari vient à mourir, avant l'ouverture de la tutelle, s'il refuse les fonctions que le père a voulu lui confier, ou bien encore s'il décède pendant l'exercice de la tutelle, le conseil de famille n'a pas le droit d'en nommer un autre, et la mère administre seule.

Quand la mère, tutrice légale de ses enfants, veut se remarier, elle doit préalablement convoquer le conseil de famille pour qu'il décide si elle sera ou non maintenue dans la tutelle ; faute de faire cette convocation, elle cesse de plein droit d'être tutrice à partir du jour de son nouveau mariage. Si le conseil de famille n'est pas d'avis de lui conserver la tutelle, ses fonctions ne finissent point sur le champ, mais seulement au jour où elle convole en secondes noces (C. civ. art. 365).

Les ascendantes ne sont point appelées à la tutelle légitime, mais elles peuvent être nommées tutrices par le conseil de famille; la tutelle peut aussi leur être déférée par testament.

15 e.) « Ceux qui ont ou dont le père ou la mère a avec le mi-
« neur un procès dans lequel son état, sa fortune ou une par-
« tie notable de ses biens sont compromis (C. c. art. 442, n° 4). »

Certains auteurs pensent que celui dont le conjoint ou les
enfants ont un procès de cette nature avec le pupille est aussi
incapable d'être son tuteur. Il serait à désirer qu'il en fût ainsi ;
mais il n'est point permis à la doctrine de créer des incapacités que la loi n'a pas prononcées.

§ 2. Des causes d'exclusion et de destitution.

16. Nous devons ici répéter une observation que nous avons
déjà faite, c'est qu'il n'existe point de différence essentielle entre
l'exclusion et la destitution. Le fait, qui est une cause d'exclusion pour la personne qui ne gère point encore la tutelle,
serait une cause de destitution pour celui qui remplirait déjà
cette charge. Rappelons-nous aussi que les personnes qui sont
exclues ou destituées, peuvent être habiles à gérer la tutelle,
et que, si elles en sont écartées, c'est qu'elles se sont rendues indignes d'exercer cette fonction.

17. a) L'art. 443 est ainsi conçu : « La condamnation à une
« peine afflictive ou infamante emporte de plein droit l'exclu-
« sion de la tutelle. »

Parmi les peines afflictives et infamantes, il en est qui en-
traînent la mort civile. Nous avons cru, en nous fondant sur
l'art. 25 du Code civil, devoir regarder les morts civilement plutôt comme incapables d'être tuteurs que comme exclus de la
tutelle. Nous ferons remarquer cependant qu'en supposant la
mort civile rayée de notre législation, les condamnés à la mort,
aux travaux forcés à perpétuité, ou à la déportation, ne pourraient néanmoins être tuteurs, car ils sont exclus de cette charge
par l'art. 443.

BIBLIOTHEQUE ROYALE

3

Les interdits légalement sont aussi à la fois exclus de la tutelle et incapables de la gérer; ils sont exclus, parce qu'ils sont condamnés à une peine afflictive et infamante, et incapables parce qu'ils sont interdits.

Les condamnés à une peine afflictive et infamante ne peuvent, même à l'expiration de leur peine, être nommés tuteurs, si ce n'est de leurs enfants (C. pén. art. 28), à moins cependant qu'ils n'aient été réhabilités.

18. *b*) Les tribunaux jugeant correctionnellement peuvent interdire l'exercice du droit de gérer la tutelle à ceux qui se sont rendus coupables d'un des délits prévus aux articles 401, 405, 406, 407, 408 et 410 du Code pénal; et ils doivent prononcer cette interdiction dans les cas mentionnés par les art. 335 et 374 du même Code (C. pén. art. 42). Les personnes à qui le droit d'être tuteur a été enlevé ainsi par les tribunaux peuvent cependant, sur l'avis du conseil de famille, obtenir la tutelle de leurs enfants (C. pén. art. 42, n° 6).

19. *c*) Les gens d'une inconduite notoire sont aussi exclus de la tutelle (C. civ. art. 444, n° 1). Pour vérifier les faits d'inconduite qui seraient reprochés à un tuteur, les tribunaux pourraient ordonner une enquête (Cass. chamb. des requêtes, 12 mai 1830). Le législateur n'a point pu indiquer d'une manière précise ce qu'il entend par inconduite notoire; il a laissé aux conseils de famille et, après eux, aux tribunaux le soin d'apprécier la conduite des tuteurs. L'art. 444, n° 1 s'applique notamment aux prodigues; nous entendons parler de ceux qui n'ont point de conseil judiciaire, car pour les autres nous les croyons incapables d'être tuteurs. L'insolvabilité notoire étant ordinairement le résultat d'une mauvaise conduite, sera aussi, dans la plupart des cas, une cause d'exclusion; il en est autrement de la pauvreté, qui n'est même plus chez nous, comme en droit romain, un motif de dispense. D'après la législation romaine, celui qui avait

obtenu une tutelle par des intrigues et des moyens frauduleux, devait être destitué (l. 21 , § ult. ff. de tut. et caract. dat.). Une pareille conduite serait aussi , en droit français, une cause de destitution. Il est vrai que les rédacteurs du Code n'en ont point parlé en termes formels, mais il eût été inutile de le faire en présence de l'art. 444 , n° 1 du C. civ.

20. d) Ceux dont la gestion atteste l'incapacité ou l'infidélité sont aussi privés du droit d'être tuteurs (C. civ. art. 444 , n° 2). Cette disposition semble n'avoir en vue que les personnes qui gèrent déjà une tutelle; puisque c'est leur gestion même qui doit prouver leur incapacité ou leur infidélité; nous croyons cependant que l'incapacité naturelle ou l'infidélité attestée par des faits antérieurs à la tutelle donnerait lieu à l'exclusion du tuteur. C'est ainsi que l'on pourrait exclure de la tutelle un failli.

21. On a demandé si la faillite est un motif d'exclusion. Non, la faillite par elle-même n'est pas un motif d'exclusion , puisque la loi ne le dit pas. Le failli est souvent un homme probe et intelligent, c'est un commerçant qui a eu des malheurs, il serait injuste de le priver du droit d'être tuteur. Si l'art. 442 du Code de commerce lui enlève l'administration de ses biens, c'est qu'ils sont le gage commun de ses créanciers , mais il n'y a point de raison semblable pour lui enlever la gestion des biens de son pupille, s'il est tuteur. Il serait possible toutefois qu'un failli fût un homme incapable et que sa faillite fût le résultat de son incapacité; s'il en était ainsi, je ne doute pas que le conseil de famille, s'appuyant sur l'art. 444 du Code civil, ne dût l'exclure de la tutelle. Mais, remarquons-le bien, le failli serait exclu , non point pour avoir fait faillite, mais parce que sa faillite attesterait son incapacité.

22. La banqueroute est-elle une cause d'exclusion ? Non, car nous ne la trouvons pas parmi les motifs d'exclusion qui sont énumérés par la loi. Cependant le banqueroutier ne sera jamais

tuteur, et d'abord, s'il est banqueroutier frauduleux, il sera condamné aux travaux forcés à perpétuité et frappé d'interdiction légale (C. pén. art. 402 et 29). Il sera donc privé de la tutelle par les art. 28 du Code pénal, 442, n° 2 et 443 du Code civil. Pour la banqueroute simple, elle suppose une mauvaise administration, de l'incapacité, et dès lors ne doit-on pas appliquer l'art. 444, n° 2 du Code civil?

23. *e*) Les tuteurs qui ont compromis les intérêts de leur administration peuvent aussi être destitués (C. pr. art. 122).

24. *f*) Enfin, si le tuteur légitime ou testamentaire s'est ingéré par dol dans la tutelle, sans avoir fait convoquer le conseil de famille pour la nomination d'un subrogé-tuteur, sa destitution doit être prononcée (C. c. art. 421, al. 2).

25. Les personnes qui ont été exclues ou destituées d'une tutelle ne peuvent plus faire partie d'aucun conseil de famille (C. c. art. 445); à plus forte raison ne peuvent-elles plus recouvrer le droit d'exercer la charge dont elles ont été privées. Cependant l'exclusion prononcée en vertu de l'art. 42 du Code pénal n'est que temporaire. Les actes faits par une personne écartée de la tutelle pour cause d'incapacité ou d'indignité sont nuls comme actes de tutelle; mais ils peuvent être maintenus s'ils ne préjudicient pas aux intérêts du pupille. *Minor restituitur non tanquam minor sed tanquam læsus.*

§ 3. *Comment sont prononcées les exclusions et les destitutions.*

26. Les exclusions et les destitutions sont prononcées par le conseil de famille, convoqué à la diligence du subrogé-tuteur ou d'office par le juge de paix (C. c. art. 446, al. 1ᵉʳ). Comme les tuteurs légitimes ou testamentaires peuvent seuls être exclus, il arrivera rarement qu'il existera un subrogé-tuteur quand il s'agira de prononcer une exclusion. En pareille circonstance, le

conseil de famille sera convoqué sur la demande d'un parent ou d'un allié du mineur, ou bien d'office par le juge de paix. Celui-ci ne pourra se dispenser de faire cette convocation, lorsqu'elle sera requise par un ou plusieurs parents ou alliés du mineur, jusqu'au degré de cousin-germain inclusivement (C. c. art. 446, 2ᵉ al.). Le parent qui aura ainsi provoqué l'exclusion ou la destitution du tuteur pourra néanmoins être admis à faire partie du conseil de famille qui délibérera sur sa demande (cass. 12 mai 1830; Sir. t. XXX, p. 326).

27. Le tuteur devra être appelé à cette assemblée. Il pourra s'y présenter en personne ou par le ministère d'un fondé de pouvoir.

La délibération qui prononcera la destitution du tuteur sera motivée (C. c. art. 447), et si elle n'est pas unanime, l'avis de chacun des membres sera mentionné dans le procès-verbal (C. pr. art. 883). Il sera nommé sur-le-champ un nouveau tuteur. Si le tuteur destitué adhère à la délibération, il en sera fait mention et le nouveau tuteur entrera aussitôt en fonctions (C. c. art. 448, al. 1ᵉʳ). S'il y a réclamation de la part du tuteur ou de l'un des membres de l'assemblée, le subrogé-tuteur poursuivra l'homologation de la délibération devant le tribunal de première instance (C. c. art. 448). Il lui sera fixé, à cet effet, un délai par le conseil de famille; à défaut de fixation, le délai sera de quinze jours. Si le subrogé-tuteur ne poursuit pas l'homologation dans ce délai, elle pourra être poursuivie contre lui et à ses frais par un membre de l'assemblée (C. pr. art. 887). Le tuteur exclu ou destitué pourrait lui-même se pourvoir contre la décision du conseil de famille. Il devrait former sa demande contre le subrogé-tuteur (C. c. art. 448 [1]). Dans tous les cas, il

---

[1] Cet article n'est pas abrogé par l'art. 883 du Code de procédure. Il statue pour un cas particulier.

conservera la tutelle jusqu'à ce que les tribunaux aient rendu leur décision.

28. Les parents ou alliés du pupille qui auront demandé la convocation du conseil de famille pourront intervenir dans la cause, qui sera jugée sommairement sur le rapport d'un juge commis par le président du tribunal; le procureur du roi donnera ses conclusions (C. pr. art. 88₁, 885 et 886; C. civ. art. 449). Le jugement sera sujet à appel (C. pr. art. 889). Si le tuteur succombe dans sa réclamation, il sera condamné aux frais du procès.

29. Pour la destitution du subrogé-tuteur, elle s'opère de la même manière que celle du tuteur. Mais le tuteur ne peut ni provoquer cette destitution ni voter dans les conseils de famille qui sont convoqués pour cet objet (C. civ. art. 426, al. 2). Le subrogé-tuteur étant chargé de veiller sur l'administration du tuteur, celui-ci pourrait avoir intérêt à se débarrasser de lui. C'est aux parents du mineur à demander la convocation du conseil de famille pour faire destituer le subrogé-tuteur.

CHAPITRE II.

DE L'OBLIGATION D'ACCEPTER LA TUTELLE.

SECTION PREMIÈRE.

Des personnes qui sont obligées d'accepter la tutelle.

30. La tutelle est une *charge publique*. Il ne faut point se méprendre sur le sens que nous attachons à cette expression. Nous n'entendons point dire qu'en devenant tuteur on cesse d'être un simple particulier, une personne privée [1]. La tutelle est une

---

[1] *Tutela non est reipublicæ munus , nec quod ad impensam pertinet sed civile* (*l.* 6 , § 15 *ff. de excus.*).

charge publique, parce qu'elle intéresse le bien général, et que tous les citoyens sont obligés de la gérer. La société est, en effet, intéressée à ce que les mineurs et les interdits ne restent pas sans défense. Mais, comme la tutelle est souvent fort onéreuse, comme d'ailleurs elle est gratuite, il était à craindre que certaines personnes ne refusassent de l'administrer. Il a été nécessaire que le législateur imposât la tutelle à tous les citoyens, qu'il ne permît à personne de se soustraire à cette charge, sans motif raisonnable.

31. Si la tutelle est une charge publique, elle est cependant plus particulièrement une charge de famille; l'obligation de l'accepter pèse particulièrement sur les parents du mineur (cfr. C. civ. art. 432). Il est juste que ceux qui ont l'espoir de succéder un jour au mineur soient plutôt chargés de sa surveillance. D'ailleurs les personnes qui sont unies au pupille par les liens du sang lui portent naturellement une affection plus vive que des étrangers; c'est là aussi une considération qui a déterminé le législateur à confier la tutelle de préférence aux plus proches parents.

SECTION II.

Des personnes qui ne sont point obligées d'accepter la tutelle,

ou

Des causes qui dispensent de la tutelle.

32. Nous venons d'établir en principe que tout citoyen est obligé d'accepter la tutelle; nous allons nous occuper maintenant des exceptions que cette règle reçoit. Le Code civil, à l'exemple des législations antérieures, admet certaines causes qui dispensent de la tutelle. Ces dispenses étaient autrefois appelées *excuses volontaires*, pléonasme ridicule que l'on em-

ployait par opposition à une expression plus ridicule encore, celle d'*excuses nécessaires*, par laquelle on désignait les motifs d'exclusion. Les rédacteurs du Code ont rejeté ces locutions vicieuses et ont conservé aux dispenses seules la dénomination d'*excuses*. Ainsi les *excuses* sont certains motifs allégués par une personne pour se faire dispenser de la gestion d'une tutelle. Elles sont facultatives, c'est-à-dire qu'on est libre de les proposer ou d'y renoncer, et même on est censé y renoncer toutes les fois qu'on ne les allègue pas dans un certain délai, que nous indiquerons ultérieurement (v. n° 46).

33. Toutes les causes qui dispensent de la tutelle sont prévues par la loi ; les conseils de famille et les tribunaux ne doivent point en admettre qui ne soient pas écrites dans nos codes, d'autant plus que ces excuses sont des exceptions au principe que la tutelle est obligatoire pour tous les citoyens. *Exceptiones sunt strictissimæ interpretationis.*

§ 1ᵉʳ. *Des dispenses fondées sur l'intérêt général.*

34. La loi a attaché à certaines dignités, fonctions et qualités le privilége de dispenser de la tutelle.

Les personnes dispensées à raison de leurs qualités sont désignées dans l'acte du 18 mai 1804. Plusieurs des titres énumérés dans cette constitution n'existent plus. Cependant, dans l'esprit de l'art. 427, on doit regarder comme dispensés de la tutelle : les membres de la famille royale, les maréchaux de France, les amiraux, les inspecteurs généraux, les grands officiers de la couronne, les ministres, les conseillers d'état, les pairs, les députés, les préfets, les membres de la cour de cassation, le procureur-général et les avocats-généraux à la même cour, les membres de la cour des comptes, et tous les citoyens qui exercent

une fonction publique dans un département autre que celui
où la tutelle s'établit.

35. Cette dernière excuse peut être invoquée, par exemple,
par les juges et par les procureurs du roi près des cours royales
et des tribunaux de première instance. Un avis du conseil d'état
du 4 novembre 1806, approuvé le 30 du même mois, a décidé
que cette dispense est aussi applicable aux ecclésiastiques qui
desservent des cures et à tous ceux qui exercent pour les cultes
des fonctions qui exigent résidence et dans lesquelles ils sont
agréés par le gouvernement. Mais la dispense n'est pas accordée,
comme en Droit romain, aux personnes qui, sans exercer de
fonctions publiques, résident néanmoins dans un lieu éloigné
du domicile du mineur (v. l. 10 § 4, l. 21 § 2, l. 46 § 2 ff. de
excus. tut. et curat.).

36. Les militaires en activité de service peuvent aussi se faire
dispenser de la tutelle (C. c. art. 428), mais leur état n'est pas
une cause d'exclusion (cpr. § 14, J. de excus. tut. vel cur.).

37. Sont aussi dispensés tous ceux qui exercent hors du territoire continental du royaume une mission du roi (C. c. art. 428).
Si la mission n'est pas authentique et si elle est contestée, le
réclamant, pour faire prononcer la dispense, doit présenter
un certificat du ministre dans le département duquel se place
la mission alléguée comme motif d'excuse (C. c. art. 429). Comme
la loi n'indique pas la durée que doit avoir la mission pour
procurer la dispense, nous pensons qu'on peut se prévaloir de
toute mission quelque courte qu'elle soit.

38. Si les personnes chargées d'une mission hors du territoire
du royaume, ou revêtues des dignités et des fonctions que nous
avons énumérées au numéro 34, acceptaient néanmoins une tutelle, elles ne pourraient pas s'en faire décharger postérieurement
(C. c. art. 430). Elles seraient censées avoir renoncé à ces excuses. Il en serait autrement dans le cas où elles auraient ac-

4

cepté la tutelle ignorant qu'une mission ou que des fonctions leur fussent conférées. *Error facti non nocet.* D'un autre côté, une personne qui gérerait une tutelle pourrait s'en faire décharger si elle se voyait appelée à une des fonctions ou des missions dont nous venons de parler. Il lui suffirait de requérir dans le mois la convocation du conseil de famille pour se faire remplacer. Si la cause de dispense venait à cesser, et que le nouveau tuteur réclamât sa décharge ou que l'ancien redemandât la tutelle, le conseil de famille pourrait, s'il le jugeait à propos, rendre cette charge à l'ancien tuteur.

§ 2. *Des dispenses fondées sur l'intérêt privé de ceux qui les invoquent.*

39. Nous avons dit précédemment (n° 31) que les parents d'un pupille doivent de préférence être chargés de sa tutelle. Cette considération a dicté aux rédacteurs du Code l'art. 432, aux termes duquel tous ceux qui ne sont ni parents ni alliés d'un mineur ne peuvent être forcés d'accepter sa tutelle, s'il existe dans la distance de quatre myriamètres des parents ou des alliés capables de l'administrer convenablement. Quant aux parents eux-mêmes, vainement allégueraient-ils, pour se faire dispenser, l'existence de parents plus proches au degré; le conseil de famille ne serait point obligé de faire droit à leurs réclamations; s'il en était autrement, les délibérations du conseil seraient inutiles, puisqu'en définitive ce serait toujours le plus proche parent qui serait chargé de la tutelle. Observons aussi que celui qui a accepté une tutelle, bien qu'il ne soit ni parent ni allié du mineur, ne peut s'en faire décharger postérieurement sous le prétexte qu'il y a des parents en état de la gérer.

40. Les personnes âgées de soixante-cinq ans accomplis peuvent refuser toute tutelle, même celle de leurs enfants ou de leurs petits-enfants (C. c. art. 433). Celui qui a été nommé tu-

teur avant l'âge de soixante-cinq ans, peut, à soixante-dix ans révolus, se faire décharger de la tutelle. Telle est la disposition finale de l'art. 433 du Code civil. A la première lecture de cet article on serait porté à croire que celui qui a accepté une tutelle à l'âge de soixante-cinq ans ne peut point s'en faire décharger à soixante-dix ans. Mais tel n'est point l'esprit de la loi. L'art. 433 n'a d'autre but que de résoudre la question de savoir si une personne qui a accepté le fardeau d'une tutelle avant l'âge de soixante-cinq ans peut s'en faire décharger quand elle a atteint cet âge, et cet article déclare qu'elle ne peut s'en faire décharger qu'à soixante-dix ans, afin d'éviter, autant que possible, les changements de tuteur.

41. La mère et les ascendantes sont les seules femmes qui soient capables d'être tutrices (C. c. art. 442, al. 2). Mais elles ne sont point forcées d'accepter la tutelle (C. c. art. 394). Elles peuvent s'en faire dispenser en alléguant la faiblesse de leur sexe pour motif d'excuse.

42. Sont aussi dispensées les personnes atteintes d'une infirmité grave, mais non point celles qui sont frappées d'une maladie passagère (C. c. art. 434). Sous la législation romaine, les muets, les sourds, les aveugles étaient incapables d'être tuteurs; en droit français ils sont admis à la tutelle; leur infirmité n'est qu'une cause de dispense.

Si quelqu'un se voyait frappé d'une infirmité après avoir accepté une tutelle, il pourrait s'en faire décharger (C. c. art. 434, al. 2). Mais celui qui aurait accepté une tutelle, bien qu'il fût infirme, ne pourrait plus s'en démettre à moins que son infirmité ne devînt plus grave.

43. Quand on est chargé de deux tutelles, on peut en refuser une troisième, à moins que ce ne soit celle de ses enfants (C. c. art. 435, 1er al.). Les tutelles se comptent non point par le nombre des pupilles, mais par celui des patrimoines; ainsi le tuteur de

de deux pupilles qui auraient mêmes intérêts, même patrimoine, ne devrait pas être considéré comme gérant deux tutelles différentes.

44. Certaines charges de famille sont regardées comme aussi
importantes et aussi onéreuses que celle de tuteur. Si, à la gestion d'une tutelle, vous joignez la qualité de père ou d'époux,
vous ne serez point tenu d'accepter une seconde tutelle, si ce
n'est celle de vos enfants (C. c. art. 435, 2° al.). Cette dispense
ne s'applique point au veuf sans enfants; il n'est ni époux ni père.

45. «Ceux qui ont cinq enfants légitimes sont dispensés de
toute tutelle autre que celle desdits enfants» (C. civ. art. 436,
al. 1er). Pour opérer cette dispense, il faut que tous les cinq
enfants soient déjà nés et encore vivants. Celui qui ne serait
que conçu ne devrait pas être considéré comme né (*non de com-
modis ejus agitur*); et l'enfant décédé ne serait compté qu'autant
qu'il serait mort en activité de service dans les armées du roi [1],
ou qu'il aurait lui-même laissé des enfants (C. civ. art. 436,
al. 2 et 3). Ces derniers, quelque nombreux qu'ils soient, sont
considérés comme représentant leur père ou leur mère; jamais
ils ne comptent pour plus d'un enfant. L'enfant adoptif procure
la dispense à son père naturel, mais non à son père adoptif.

L'aïeul chargé de l'entretien et de l'éducation de cinq petits-
enfants nés d'un même fils ou d'une même fille n'est point pour
cela dispensé de la tutelle. Pour que ses petits-enfants pussent
le faire excuser, il faudrait qu'ils fussent nés de cinq enfants
différents (C. c. art. 436, al. 3).

La survenance d'enfants pendant la tutelle ne peut autoriser
à l'abdiquer, lors même qu'ils auraient été conçus avant l'ouverture de la tutelle (C. c. art 437).

---

[1] Le genre de mort est indifférent, pourvu que l'enfant n'ait pas péri dans
un duel et qu'il n'ait pas été exécuté.

§ 3. *De la manière dont s'exercent les dispenses de la tutelle.*

46. La loi a donné aux tuteurs, pour proposer leurs excuses, un certain délai passé lequel ils ne sont plus admis à faire aucune réclamation. Si le tuteur est présent à la délibération qui lui défère la tutelle, il est tenu de présenter sur le champ ses excuses (C. c. art. 438). S'il n'a pas assisté à cette délibération, l'assemblée charge un de ses membres de lui faire connaître sa nomination. Le délai dans lequel cette notification doit lui être faite est de trois jours, et il est augmenté d'un jour par trois myriamètres de distance entre le lieu où s'est tenue l'assemblée et le domicile du tuteur (C. pr. art. 882).

Un pareil délai est accordé au tuteur pour faire convoquer le conseil de famille, afin de lui proposer ses excuses. Ce délai court à partir du jour où le tuteur a reçu la notification de sa nomination (C. c. art. 439). La disposition de l'art. 439 est applicable au tuteur légitime et au tuteur testamentaire; ils doivent présenter leurs excuses dans le délai que nous venons d'indiquer, à partir du jour où ils ont eu connaissance de l'événement qui donne ouverture à la tutelle. Si le conseil de famille n'admet point les excuses, le tuteur pourra se pourvoir devant le tribunal de première instance; il devra former sa demande contre les membres de l'assemblée qui auront été d'avis de rejeter ses excuses. La loi ne fixe point le délai dans lequel ce pourvoi doit avoir lieu; faut-il en conclure qu'il n'y en a aucun et que le tuteur est indéfiniment admis à se pourvoir? Ce n'est point là notre opinion. Les intérêts du mineur seraient mal défendus si la tutelle pouvait rester longtemps déférée d'une manière incertaine. Ce motif a engagé le législateur à ne donner que trois jours au tuteur pour proposer ses excuses devant le conseil de famille. Pourquoi aurait-il un plus long dé-

lai pour se pourvoir devant les tribunaux? Nous sommes donc
porté à croire que le tuteur ne doit avoir, pour former son
pourvoi, que trois jours à partir de la notification du rejet
de ses excuses par le conseil de famille.

Le jugement rendu sur la délibération du conseil de famille
est sujet à appel (C. pr. art. 889).

47. Le tuteur nommé est tenu d'administrer provisoirement
pendant la durée du litige; s'il succombe dans sa demande, il
doit être condamné aux frais. Au contraire, s'il parvient à se
faire exempter de la tutelle, et s'il apparaît au tribunal que
c'est par malveillance ou sans motif raisonnable que les membres
de l'assemblée de famille avaient rejeté ses excuses, les frais de
l'instance seront à la charge de ces derniers. Enfin c'est le pupille qui supporte les frais, si c'est par affection pour lui et
dans son intérêt que les membres du conseil de famille ont cru
devoir ne point admettre les excuses du tuteur.

DROIT COMMERCIAL.

━━━━━━━━━━━━◆━━━━━━━━━━━━

DE L'ORGANISATION DES TRIBUNAUX DE COMMERCE.

━━━━━━━

NOTIONS PRÉLIMINAIRES.

1. On a toujours compris que le commerce a besoin d'une juridiction spéciale. Les lenteurs ménagées avec tant de sagesse devant les tribunaux civils ordinaires doivent être proscrites dans les tribunaux commerciaux. Ici, point de ces formalités nombreuses qui arrêtent à chaque pas le plaideur et le juge; les procès doivent être vidés avec célérité; il faut, autant que possible, enlever toute entrave aux affaires commerciales.

Mais la rapidité n'est point le seul caractère essentiel à ces sortes de juridictions. On l'a dit souvent, la bonne foi, l'équité c'est l'âme du commerce. Que les juges commerciaux soient donc des hommes habitués à se décider plutôt d'après l'équité que d'après le texte rigoureux de la loi. Il est inutile qu'ils soient de savants jurisconsultes; ce qui est nécessaire, c'est qu'à la qualité d'hommes de bien ils joignent une connaissance profonde des usages du commerce et une grande expérience dans les opérations commerciales. Ces principes ont été de tout temps reconnus. Jetons un coup d'œil sur notre législation, et nous verrons qu'à des époques assez reculées, alors que le commerce commençait à peine à naître en France, on avait senti la nécessité de donner à des juges spéciaux la connaissance des affaires commerciales.

2. Sans parler de l'édit de 1349, par lequel Philippe de Valois établit pour les foires de Brie et de Champagne un tribunal particulier, dont les membres prenaient la qualification de gardes de la foire, nous trouvons, dès l'année 1462, dans la ville de Lyon, un tribunal de commerce connu sous le nom de conservation, et qui de bonne heure acquit de l'importance. Ce fut en 1563, sous le ministère du chancelier de l'Hôpital, que fut créé le tribunal de commerce de Paris. L'édit de 1563 établit dans la ville de Paris un juge ou président et quatre consuls (d'où vient le nom de juridiction consulaire); il fut rendu commun pour tous les siéges des juges-consuls par l'art. 1er du titre Ier de l'ordonnance du commerce de 1673.

Quand la révolution fut survenue, on sentit le besoin de mettre la juridiction consulaire en harmonie avec les idées et les institutions nouvelles, et l'on vit paraître la loi du 16-24 août 1790. Elle donna aux tribunaux des juges-consuls le nom de tribunaux de commerce qu'ils ont conservé.

Enfin le 14 septembre 1807 fut décrété le livre IV du Code de commerce, intitulé *De la juridiction commerciale*. Le titre 1er de ce livre s'occupe spécialement de l'organisation des tribunaux de commerce; il a été modifié par la loi du 3 mars 1840.

§ 1er. *De l'établissement et de la circonscription territoriale des tribunaux de commerce.*

3. Il n'y a de tribunaux de commerce que dans les lieux où l'industrie est active, où les opérations commerciales sont fré-

quentes. C'est au gouvernement qu'il appartient de les créer, ce qui me porte à croire qu'il a aussi le droit de les supprimer où il les juge inutiles (C. comm. art. 615).

Les tribunaux de commerce ont, en général, le même ressort que le tribunal civil dans l'arrondissement duquel ils se trouvent. Cependant il est certains arrondissements qui renferment des villes commerciales tellement importantes, qu'on y a créé plusieurs tribunaux de commerce. Le ressort de ces tribunaux est alors réglé par l'ordonnance qui les établit (C. comm. art. 616).

4. Dans les lieux où il n'y a pas de tribunal de commerce, les fonctions en sont remplies par le tribunal civil, qui, dans ce cas, suit entièrement les formes de la procédure commerciale (C. comm. art. 640 et 641).

§ 2. De la composition des tribunaux de commerce.

5. Chaque tribunal de commerce est composé d'un président, de juges et de suppléants. Le nombre des juges et des suppléants est fixé par le gouvernement, au moyen d'un règlement d'administration publique. La loi n'a point limité le nombre des suppléants; il doit être proportionné aux besoins du service; mais celui des juges ne peut être inférieur à deux, ni supérieur à quatorze, le président non compté (C. comm. art. 617, rectifié par la loi du 3 mars 1840, art. 5).

6. Les juges et les suppléants doivent être âgés de trente ans et avoir exercé le commerce avec honneur et distinction pendant au moins cinq ans. Nul ne peut être nommé président s'il n'a quarante ans et s'il n'a déjà été juge, soit dans un des tribunaux de commerce actuels, soit dans une des anciennes juridictions consulaires. Cette dernière condition n'a pu être remplie dans les villes où l'on a établi un tribunal de commerce

pour la première fois (C. pr. Avis du conseil d'état approuvé le 21 décembre 1810).

7. Les jugements doivent être rendus par trois juges au moins ; ce n'est que pour compléter ce nombre qu'on appelle des suppléants (C. com. art. 626) ; ceux-ci ne peuvent siéger en l'absence des juges. A défaut de juges et de suppléants, des négociants pris suivant leur ordre d'inscription sur une liste dressée en exécution de l'art. 619 du Code de commerce seraient appelés à compléter le tribunal, pourvu qu'ils eussent les qualités exigées par l'art. 620.

8. Les juges de commerce exercent des fonctions purement honorifiques ; ils sont sous la surveillance du ministre de la justice (C. com. art. 680 et 630).

9. Outre les juges, il y a près des tribunaux de commerce plusieurs personnes accessoires, parmi lesquelles nous nommerons en premier lieu le greffier.

Le greffier est, dans les tribunaux de commerce, un personnage bien plus important que dans les autres tribunaux. Nourri dans la pratique et dans la procédure, il exerce sur l'esprit des juges de commerce, souvent renouvelés et peu versés dans la jurisprudence, une influence quelquefois trop puissante. Il est nommé par le roi, mais il a le droit de présenter son successeur. Les vacations qu'il peut percevoir sont réglées par l'ordonnance du 9 octobre 1825.

10. Deux huissiers sont chargés de faire le service des tribunaux de commerce dans les départements ; à Paris il y en a quatre (C. com. art. 624).

11. On trouve aussi, mais seulement près du tribunal de commerce de la capitale, des officiers publics dont les attributions sont un morcellement de celles des huissiers : ce sont les gardes du commerce. Ils sont au nombre de dix. C'est à eux qu'est confié exclusivement l'exercice de la contrainte par corps en ma-

tière commerciale (C. com. art 625). Leurs fonctions sont réglées
par le décret du 14 mars 1808.

12. La loi n'a point de représentant près des tribunaux de
commerce; il ne s'y trouve personne qui fasse les fonctions de
ministère public. On a craint, non sans raison, l'ascendant qu'un
pareil fonctionnaire aurait exercé sur les juges. Il est cependant
plus d'une occasion où la voix d'un ministère public ne serait
point inutile dans les tribunaux commerciaux. Combien de fois
n'y prononce-t-on pas sur la fortune des veuves, des mineurs?
Pourquoi donc n'y a-t-il personne pour protéger leurs intérêts?
Il est vrai qu'il serait difficile de trouver des négociants capables
de remplir les fonctions de ministère public, et les commerçants
verraient avec peine, dans leurs tribunaux, un membre qui
ne fût point pris dans leur sein.

13. La juridiction commerciale étant toute paternelle, on en
a écarté les avoués (C. pr. art. 414 et C. com. 627). Les parties
doivent comparaître elles-mêmes ou bien se faire représenter
par des mandataires munis d'une procuration expresse. Par une
dérogation aux règles sur l'enregistrement et le timbre, la procuration peut être donnée au bas de l'assignation (C. pr. art.
421, et C. com. art. 627). Du reste, toutes personnes, même les
avoués, peuvent servir aux parties de mandataires, et plaider
pour elles. Les huissiers seuls ne peuvent ni assister les parties
comme conseils, ni les représenter en qualité de procureurs fon-
dés; la loi prononce même une amende de vingt-cinq à cin-
quante francs contre tout huissier qui plaiderait devant un tribunal de commerce, à moins qu'il ne se trouvât dans un des
cas prévus par l'art. 86 du Code de procédure (l. du 3 mars
1840, art. 4).

14. L'usage a créé près des tribunaux de commerce une espèce
particulière d'officiers, connus sous le nom d'agréés; ils con-
duisent les procès, rédigent les pièces et plaident; mais leur

ministère n'est point obligé; ils n'ont aucun caractère public.
Comme tout autre mandataire, il faut qu'ils soient munis de
pouvoirs. Cette institution ne repose sur aucune loi ; si elle est
inutile, comme j'ai lieu de le croire, pourquoi la maintient-on ?
pourquoi les tribunaux la protègent-ils ? Si elle est utile, ne
serait-il pas à désirer qu'elle reçût un fondement légal ?

§ 3. De l'élection des juges de commerce et de la durée de leurs fonctions.

15. C'est aux commerçants eux-mêmes qu'est donné le droit
d'élire leurs juges. L'organisation de nos tribunaux de commerce
eut lieu à l'époque du despotisme impérial le plus absolu, et
cependant Napoléon n'osa point enlever à cette institution l'apparence de popularité qu'elle avait reçue sous Charles IX. Il
maintint donc l'élection, ou plutôt une apparence d'élection.

La liste des électeurs, qui doivent être des commerçants no-
tables, est dressée arbitrairement par les préfets et approuvée
par le ministre de l'intérieur. Je ne doute point qu'aujourd'hui
le choix des électeurs ne se fasse avec impartialité. Mais en a-
t-il toujours été ainsi ? Nullement. Pour être électeur, il suffi-
sait souvent d'avoir une certaine opinion politique, et l'on a
vu des commerçants demander « pourquoi ils étaient moins no-
« tables d'une année à l'autre, moins chefs des anciennes mai-
« sons, moins recommandables par l'esprit d'ordre et d'écono-
« mie, comme s'exprime la loi (C. com. art. 618), le tout sur un
« changement survenu à la préfecture, et non dans le commerce. »
(Vincens, *Exposition raisonnée de la législation commerciale*).
De pareils abus ne peuvent-ils plus se reproduire ? La loi ne de-
manderait-elle point ici quelque modification ?

16. Le nombre des électeurs dépend uniquement de la population de la ville où siège le tribunal de commerce, et cepen-

dant ils sont choisis parmi tous les commerçants du ressort. Ils ne sont jamais moins de vingt-cinq, dans les villes où la population n'excède pas quinze mille âmes, et, dans les autres villes, leur nombre est augmenté d'un électeur pour mille âmes de population (C. comm. art. 619).

17. L'élection se fait au scrutin individuel et à la pluralité absolue des suffrages. Lorsqu'il s'agit d'élire le président, l'objet spécial de cette élection est annoncé avant d'aller au scrutin (C. comm. art. 621). A la première élection, la moitié des juges et des suppléants est choisie pour un an, l'autre moitié, ainsi que le président, pour deux années; aux élections postérieures, tous les membres sont nommés pour deux ans (C. comm. art. 622). L'ancien art. 623 du Code de commerce défendait que, sous quelque prétexte que ce fût, les juges restassent en place plus de deux ans, et qu'ils fussent réélus avant un an d'intervalle. Cette disposition donnait lieu à de grandes difficultés, en ce qu'elle ne laissait pas aux juges le temps d'acquérir l'expérience judiciaire nécessaire. En conséquence, l'art. 623 a été modifié par l'art. 3 de la loi du 3 mars 1840, qui permet d'élire pour deux nouvelles années, le président et les juges sortant d'exercice. Mais cette nouvelle période expirée, ils ne deviennent éligibles qu'après l'intervalle d'un an. S'il survient une vacance dans le tribunal, le nouveau membre élu ne reste en exercice que pendant le temps qui restait à courir jusqu'à l'expiration des fonctions de celui qu'il remplace.

18. Après leur élection, les juges de commerce sont institués par le roi (*toute justice émane du roi*), sur la proposition du ministre de la justice. Ensuite ils prêtent serment à l'audience de la cour royale, s'il y en a une dans l'arrondissement communal où le tribunal de commerce est établi. Dans le cas contraire, la cour d'appel commet, si les juges de commerce le demandent, le tribunal civil de l'arrondissement pour recevoir

leur serment; procès-verbal en est dressé par le tribunal et in-
séré dans les registres de la cour royale. Ces formalités sont remplies sans frais et sur les conclusions du ministère public
(C. comm. art. 629).

FIN.